AF233246

MANIFESTE

ADRESSÉ

Au Peuple Espagnol,

PAR UNE FÉDÉRATION DE ROYALISTES PURS,

SUR L'ÉTAT DE LA NATION,

ET SUR LA NÉCESSITÉ DE METTRE SUR LE TRÔNE LE SÉRÉNISSIME INFANT DON CARLOS.

Extrait du N° 86 du Journal des Sciences Militaires,
(NOVEMBRE 1832.)

PARIS.

J. CORRÉARD, RUE RICHER, N° 20.
ANSELIN, LIBRAIRE, RUE DAUPHINE, N° 9.

1832.

MANIFESTE

ADRESSÉ

AU PEUPLE ESPAGNOL

PAR UNE FÉDÉRATION DE ROYALISTES PURS,

SUR L'ÉTAT DE LA NATION,

ET SUR LA NÉCESSITÉ DE METTRE SUR LE TRÔNE LE SÉRÉNISSIME INFANT DON CARLOS.

La résurrection subite de S. M. Ferdinand VII a comprimé bien des espérances, désappointé bien des ambitions. D'ailleurs, la direction que le roi d'Espagne semble vouloir maintenant imprimer à sa politique, en ranimant le courage des libéraux, en les attachant à son trône, à sa dynastie, est un acte de véritable sagesse, mais qui soulève naturellement les anathêmes du parti apostolique, en faveur duquel Ferdinand avait cependant fait tant de concessions, et dont l'hypocrite adresse était parvenue à lui arracher, en dépit des sermens prêtés, des décrets dont l'effet devait être de plonger le peuple espagnol dans les ténèbres de l'ignorance, de le maintenir dans l'abrutissement de la superstition, et cela dans l'espoir de rallier à sa personne cette faction insatiable autant que perfide, implacable autant que fanatique. Espérance bien illusoire et cruellement trompée ! car l'homme de ce parti ne sera jamais que don Carlos. La pièce qui suit, et que nous donnons comme un document historique curieux à consulter, indique nettement les prétentions, les vues et les moyens des apostoliques. Cette pièce avait déjà été produite il y a quelques années par le parti; mais ce qui lui donne un intérêt d'à-propos, c'est qu'elle vient d'être répandue de nouveau, lorsque l'état de Ferdinand pouvait sembler désespéré. Ce document, œuvre de violence, où respirent à-la-fois la haine, l'injure, la calomnie, et toutes les mauvaises passions du parti-prêtre, prouve clairement que, par le faux système de gouvernement qu'avait adopté Ferdinand, ce souverain n'était parvenu qu'à s'aliéner les libéraux, sans rien diminuer de la haine que lui a vouée le fanatisme : il prouvera encore que si le roi Ferdinand veut affermir le trône dans sa famille, il doit persévérer avec franchise et confiance dans les voies constitutionnelles : c'est là qu'il trouvera des serviteurs vraiment éclairés, vraiment patriotes ; c'est là qu'est l'honneur pour lui et le salut pour ses enfans.

Pour ne point affaiblir la pensée et conserver, autant que possible, l'expression et la couleur du texte, nous l'avons traduit presque mot à mot.

———

ESPAGNOLS,

L'état déplorable de notre patrie bien-aimée et le danger imminent dans lequel se trouvent la religion et le trône, pa- la trahison presque consommée de ceux qui nous gouvernent, ont couvert de deuil le cœur des gens de bien, et rempli de terreur les moins énergiques de nos compatriotes. Le moment est arrivé de voir inutilisés tous les efforts que nous a coûtés le rétablissement de l'ancien ordre des choses, car celui-ci va disparaître de notre sol, selon toute apparence. Le sang que répandirent dans cette dernière lutte nos champions les plus déterminés, ou est déjà oublié, ou est regardé par nos ennemis avec le plus scandaleux mépris. Le pire de tous est que le monarque lui-même, pour les droits souverains duquel on a sacrifié tant de victimes, le prince lui-même que nous avons arraché de l'esclavage, Ferdinand, enfin, est un instrument actif de la conspiration la plus machiavélique que jamais virent les siècles......... Frémissez!!!

Sera-t-il possible qu'on abuse de notre liberté jusqu'à cette extrêmité? Voudra-t-on encore que nous nous taisions à tant d'affronts? exigera-t-on de nous plus long-temps cette modération et cette bénignité qui, encourageant les disciples de Voltaire et de Rousseau, ont fomenté leurs plans contre notre repos, et ont conduit la religion et le trône jusqu'au cratère d'un volcan révolutionnaire qui les attend pour les détruire? Nous tremblons en considérant l'audace de cette portion de novateurs qui n'ont pas craint et ne craignent pas encore de provoquer si effrontément notre indignation; parce que, connaissant comme nous connaissons le caractère et la fermeté nationale, nous voyons que le fatal moment s'approche d'être obligés à repousser, les armes à la main, la preuve la plus amère qu'on pouvait exiger de notre patience : *c'est de nous imposer une seconde fois, Espagnols, cette chaîne constitutionnelle que notre héroïsme brisa, et qui dépouilla ensuite la nation de ses Amériques !*

Dans une crise semblable, lorsqu'un danger aussi imminent menace à chaque instant la clef de l'état, il serait indigne du nom espagnol de se soumettre lâchement à cette faction désorganisatrice qui s'est emparée du trône ; mais comme il ne serait pas prudent, ni digne de la sagesse et de la vertu des Espagnols, de prendre les armes contre le gouvernement existant, sans faire connaître auparavant les puissantes raisons qui ont pu motiver une mesure si violente, la fédération s'est soumise à la dure nécessité de les énumérer, et cela lui coûtera la peine amère d'avoir à prononcer, plus d'une fois, le nom du roi au milieu des ennemis les plus acharnés de la légitimité, et presque toujours comme le premier agent et le premier moteur de nos malheurs.

Nous commencerons donc le récit de nos infortunes avec le règne de Sa Majesté Ferdinand VII ; et en esquissant le tableau de ses crimes, des extravagances et des faiblesses de ce prince, on nous permettra de nous arrêter à ce qui sera absolument nécessaire, parce que la compassion que méritent ses faiblesses, sous un certain rapport, ne peut diminuer en la moindre chose ce profond ressentiment que son atroce conduite a dû inspirer au cœur de ses plus fidèles vassaux.

Les efforts que firent les Espagnols, avant et après la guerre

de l'indépendance, pour mettre Ferdinand sur le trône de
Castille, sont publics et notoires : dans ce temps, nous eûmes à lutter à la fois contre les armes victorieuses du pouvoir colossal de Bonaparte et contre les progrès rapides de
ce fatal libéralisme qu'enfantèrent pour notre malheur les
Cortès de Cadix. Le saint zèle qui a toujours distingué notre
clergé régulier et séculier, et l'activité infatigable avec laquelle nos ministres profitèrent, soit du confessional, soit
de la prédication de l'Évangile, pendant cette période de
malheurs, mirent quelques bornes à la malignité du jacobinisme, sans cesser pour cela de contribuer très-efficacement à maintenir cette fureur héroïque qui détruisit un si
grand nombre de légions ennemies et qui acheva de dompter
l'orgueil de Bonaparte. Ferdinand VII arriva sur le territoire espagnol; et cette nation généreuse le reçut avec les
plus grandes démonstrations de plaisir, quoique personne n'ignorât qu'il avait félicité Napoléon sur les succès
qu'il avait obtenus, au commencement de la guerre, sur nos
troupes, et que, de plus, tout le monde sût qu'il nous appelait *sauvages* parce que nous l'avions défendu si constamment et si honorablement. Le clergé, une grande portion de
la noblesse, divers généraux, dont faisaient partie La Bisbal
et Élio, et plusieurs membres des Cortès, coururent avec
empressement aux pieds du monarque pour l'avertir du mal
qu'avaient causé les principes libéraux, et du danger dans lequel était la royauté. Malgré ce grand pas, ils ne purent empêcher que, par faiblesse, il consentît au décret de Valence,
par lequel il s'obligea à rétablir les anciennes Cortès, laissant par ce décret une arme puissante avec laquelle nous
ont minés sourdement nos ennemis. Six ans d'horreurs et de
désordres, de vols et de toutes sortes de maux, suivirent
l'entrée de Ferdinand; et comme il manque des moyens les

plus nécessaires, et même de l'énergie indispensable pour soutenir ses propres crimes, de là est venu que son gouvernement, qui a commencé par se rendre odieux à toutes les classes, finit par aller jusqu'au ridicule. Réduit à la situation la plus à plaindre, sans secours, par le désordre général de l'administration publique, sans crédit, sans force morale, et enfin dans le plus parfait chaos de la désorganisation et de l'anarchie, il attira, par lui-même, la rébellion militaire de l'an 1820, sans que ce mouvement réveillât son apathie, et sans qu'il l'excitât à s'opposer de quelque manière à la rébellion qui survint immédiatement, et que tant de maux ont suivie, dont le moindre n'est pas la perte de mille millions de réaux qu'on avait employés aux préparatifs militaires de l'expédition d'Amérique. Le roi, faible et craintif, jura et nous ordonna de jurer la constitution de l'an 12 ; il se mit à la tête du gouvernement révolutionnaire, de la même manière et avec la même confiance que si le gouvernement eût été de son fait ; il signa et sanctionna, sans le moindre scrupule, les lois les plus démocratiques ; et pendant les mouvemens populaires qui eurent lieu durant cette période, pour soutenir la même souveraineté à laquelle il renonçait, il excitait, poursuivait et dénonçait en même temps ses plus ardens défenseurs. Une réunion d'immoralité et de bassesse semblable ne paraît pas possible dans un même homme ; mais, il faut le dire, Ferdinand VII n'est pas un homme, c'est un monstre de cruauté, c'est le plus ignoble de tous les êtres......... ! c'est un poltron, qui, semblable à un fléau du ciel, a été vomi de l'enfer pour la punition de nos fautes ; *c'est une vraie calamité pour notre malheureuse patrie !*

L'an 21 arriva enfin, et la Providence divine, satisfaite de nos souffrances sous la férule révolutionnaire, daigna, par suite de nos vœux fervens, inspirer à l'auguste majesté du roi Louis XVIII, et aux autres princes de la sainte-alliance, de mettre un remède a tant de maux. Nous ne voudrions pas rappeler ici les dépenses immenses qu'a coûté au clergé régulier et séculier, à diverses corporations religieuses, à plusieurs nobles, et en particulier à plusieurs ordres monacaux, cette fatale intervention armée qui devint absolument nécessaire à cause des irrésolutions du roi pour se mettre à la tête de son propre parti; mais comme, outre cela, on a fait d'autres débours extraordinaires qui, unis aux précédens, prouvent les sacrifices incalculables qu'ont faits les classes privilégiées en faveur de l'autel et du trône, et pour soutenir la doctrine sainte et sacrée de la légitimité, il est juste que nous pleurions maintenant la perte irréparable de tous ces moyens pécuniaires; car ils auraient suffi eux seuls pour rétablir la monarchie ébranlée, et la soutenir ensuite, si la malversation, l'impiété et le pillage n'avaient mis constamment le sceau à toutes les dispositions du gouvernement de Ferdinand VII. Qu'il nous soit permis de passer légèrement sur le douloureux sacrifice de l'infanterie de la garde royale, que le roi lui-même, du balcon de son palais, ordonna de détruire! oublions aussi combien furent compromis les gardes-du-corps qui restèrent fidèles, parce que le roi n'eut pas le courage de les protéger, ni assez de résolution pour les commander! oublions, s'il est possible, cette conduite fausse du roi, qui, alimentant les deux partis, prolongeait toutes les horreurs d'une guerre civile! et enfin fermons les yeux aux scènes de sang qui ont taché notre sol, et qui se présentent à chaque instant devant notre imagination avec le souvenir douloureux des sacrifices que nous coûta le roi dans ces six dernières années! Sur cette page, de notre histoire seront amoncelées les larmes de plusieurs millions d'innocens ou d'orphelins réduits à l'émigration ou à la misère.

Passons donc au siége de Cadix et au glorieux triomphe du duc d'Angoulême, au talent militaire, à la sagacité duquel fut due en grande partie la liberté du roi, obtenue miraculeusement et au moyen de la prostitution inouïe du gouvernement révolutionnaire. Transportons-nous enfin au quartier-général français, au port de Santa-Maria, et suivons la marche du roi jusqu'à ce moment présent. De cette manière, nous verrons que le monarque rendu à ses droits légitimes, à sa souveraineté, et assis de nouveau sur le trône de ses ancêtres (*avec l'appui imposant d'une armée étrangère*), loin de tirer le meilleur parti possible de sa position avantageuse pour établir et consolider son gouvernement, s'est compromis de nouveau par sa conduite postérieure, et a déployé avec une nouvelle force, et au scandale de ses augustes alliés, le penchant naturel de son âme pour l'ingratitude, et l'incapacité morale et physique qui le rendent absolument indigne de la couronne.

La main tremble de tracer les horreurs sans nombre qui ont suivi le mémorable événement de la deuxième liberté de notre roi! Au lieu d'une juste considération pour les souffrances antérieures de cette nation magnanime et généreuse, il s'est établi une nouvelle espèce d'arbitraire qui est beaucoup plus intolérable que la tyrannie; les châtimens ont pris la place des récompenses, et l'émigration à l'étranger est devenue nécessaire à toutes les classes, comme ressource de tous les partis. De nouvelles exactions ont été requises des villages déjà si maltraités: des sacrifices répétés ont été exigés de l'état ecclésiastique, soit pour améliorer l'escadre, soit pour les expéditions militaires contre l'Amérique insurgée, pour la formation de l'armée permanente, pour l'armement de volontaires royalistes, pour fortifier quelques places ; et , après tout, nous nous trouvons dans une condition pire que celle dans laquelle nous serions, si au moins on n'eût pas gaspille tant d'argent ; parce qu'on ne s'occupe ni à reconquérir l'Amérique, ni à perfectionner l'armée permanente ; on n'organise pas non plus les milices, tous les royalistes ne sont pas armés ; on ne répare aucune place. Il résulte de cette désorganisation intérieure, la nécessité de payer au gouvernement français huit millions de réaux tous les trois mois, pour qu'il nous fasse la faveur humiliante de laisser ses troupes. Pour cela on a créé des contributions extraordinaires sur diverses branches de l'industrie publique, lesquelles, outre le paiement dudit tribut, produisent des excédens qui, aux dépens de la pauvreté générale, sont destinés par le roi et ses favoris, avec la plus grande imprudence, à d'autres buts.... Dons abondans d'un grand nombre de révérends archevêques du royaume, des corporations municipales, des grands d'Espagne, des titrés de Castille, de négocians de la Havane et d'autres lieux, enfin, la sueur et le nécessaire d'un grand nombre de fidèles vassaux qui ont contribué au rétablissement de la religion et de l'absolutisme, *tout, tout,* s'est dissipé comme l'eau dans les mains impures de ces agens immoraux de la camarilla. A quoi donc ont servi tant d'efforts ? dans quel but notre zèle s'est-il épuisé pour produire et multiplier tant d'importans services? pourquoi tant de preuves héroïques de notre loyauté et de notre patriotisme? *pour nous laisser réduits à la nullité honteuse où nous nous trouvons, et, ce qui est encore plus horrible, pour nous livrer sans défense à nos régénérateurs politiques!!!*

Ne vous étourdissez pas, Espagnols, de ce que vous venez d'entendre...! tout est vrai, on peut tout prouver ; mais que pouviez-vous espérer d'un roi qui pendant que vous laviez avec votre sang les taches qu'il laissa sur le trône, pendant que vous épuisiez vos ressources pour soutenir la sainte cause que lui-même il n'osait défendre, au moment même où vous opposiez le bouclier de vos cœurs loyaux au torrent de la révolution et du jacobinisme, et enfin quand l'émulation de la fidélité la plus dévouée produisait entre nous des traits sublimes de vertu ! alors ce malheureux monarque, apathique et insensible à vos sacrifices, sans en ressentir aucune peine, passait gaîment ses instans à jour à la comète.

Que pourriez-vous attendre, vous répéterons-nous, d'un prince dont la faiblesse se pliant aux insinuations du dernier qui lui parle, ne s'est pas fait scrupule de signer en même temps l'exil ou l'envoi à l'échafaud de ses meilleurs amis ? Qu'ils parlent les Ugartes, les Moreno, les Antreda, les Escoïques, et dernièrement les Merino, les Trapistes, les Misas et tant d'autres soutiens de l'autel et du trône ! qu'ils parlent les mânes de l'immortel Bessières et de ses illustres compagnons assassinés par ordre du roi, par le traître comte d'Espagne ! qu'ils sortent des tombeaux, tant de malheureux qui n'ont commis d'autres crimes que celui de montrer de l'attachement à la cause sacrée de la légimité ! Demandez-le à tant d'autres qui à présent encore sont emprisonnés sous la féroce domination de la police ! En un mot, demandez-le à vous-mêmes, laboureurs, courtisans, particuliers : quels biens, quels avantages avez-vous retirés d'avoir opéré avec tant de peine notre dernière contre-révolution ? quelles faveurs, quelles prérogatives, quelles protections ont reçues vos classes respectives, de la main, de la volonté ou de la reconnaissance de ce prince dénaturé ? Mais achevons de déchirer le voile sous lequel il a voulu cacher à vos yeux sa perfidie ! Montrons par des faits plus importans jusqu'où ont pu arriver la faiblesse, la stupidité, l'ingratitude et la mauvaise foi de ce prince indigne, de ce parricide (1), de ce mauvais époux, de ce perfide ami, de ce méchant frère (2) et de ce monstre composé de ce que la perversité a de plus raffiné. Sachez donc, Espagnols, que le résultat de tout ce qui a été fait a été de nous placer, comme nous l'avons rapporté, dans une situation plus épineuse que celle où nous nous vîmes avant la révolution. Sachez que Calomarde, ce ministre du roi sur qui tous les hommes de bien avaient jeté les yeux, cet athlète de la loyauté, corrompu enfin par l'exemple de son maître, vient de trahir ses propres principes en se vendant pour vingt millions de réaux à l'influence anglaise, et en convenant avec le ministre britannique près la cour, de contribuer de ses moyens à l'indigne reconnaissance des emprunts faits par les soi-disant Cortès sous l'empire de la révolution, et à la plus affreuse reconnaissance de l'indépendance de l'Amérique. Sachez que Ferdinand VII, insensible à toute espèce de délicatesse, et renversant le principe de la légitimité auquel il doit le trône, a vendu son consentement pour accéder à ces mesures à la première occasion favorable qui se présentera : résolu de sacrifier ainsi l'honneur, les droits de conquête et tant d'autres intérêts de son pays, pour la valeur de 500 millions de réaux que le machiavélique cabinet de Saint-James, d'accord avec les Américains, a offert de déposer, a la disposition du roi, à la banque d'Angleterre. Sachez que ce Ferdinand s'est également laissé suborner pour reconnaître bientôt le gouvernement révolu-

---

(1) Parce qu'on sait qu'il fit empoisonner ses pères quand ceux-ci se trouvaient à Rome, comme il l'avait déjà essayé auparavant, ainsi que le prouve le Manifeste de S. M. don Carlos IV au peuple espagnol en l'an 7 (*Voy*. les gazettes de cette époque).

(2) Ceci fait allusion aux scènes de l'Escurial et de Sacedon, contre la pudeur et la vertu inattaquables de la Sérénissime Infante Dona Maria-Francisca.

tionnaire qui vient de se former en Portugal, au péril éminent de l'ordre et de la tranquillité de ce royaume, vu la facilité avec laquelle les principes démocratiques peuvent se communiquer par le contact immédiat des deux puissances. Sachez que par ce motif il a repoussé froidement les offres de la reine veuve de Portugal, son auguste sœur, et celle de différens nobles, prélats, militaires et autres hommes pleins de zèle qui auraient pris sur eux l'extirpation du genre révolutionnaire, du point et à l'heure où il apparut, si Ferdinand leur eût accordé, dès le principe, la simple coopération dont ils avaient besoin pour un but aussi saint. Sachez qu'on a vendu et que se vendent subrepticement différens bijoux appartenans à la couronne, tant dans cette cour que hors d'Espagne, sans qu'on sache jusqu'à présent le but que peuvent avoir le roi et ses favoris dans une aliénation si étrange. Sachez que, pour combler tous nos malheurs, on nous assure que le roi a cédé aux insinuations de quelques cabinets étrangers dans lesquels *l'illuminisme* a pénétré, et que, d'accord avec eux, il leur a promis de nous imposer, s'ils l'aident, l'insupportable joug d'une charte constitutionnelle semblable à celle de l'empereur don Pedro, au moyen de laquelle, en donnant accès à ces esprits inquiets et turbulens qui errent sur des terres lointaines, il achèvera de donner des entraves à notre religion catholique, apostolique et romaine : laissant ainsi le vice s'élever au-dessus de la vertu, ou ce qui est semblable, établissant l'empire de ce qu'appellent *illustration*, ces furieux apôtres du jacobinisme. Sachez que par ce changement de politique, et suivant certaines mesures alarmantes de notre gouvernement actuel, nous devons craindre, avec quelque fondement, que l'armée française n'ait plus pour but de contenir les libéraux, mais d'appuyer le roi pour les réformes indiquées : jouant ainsi notre fidélité et récompensant aussi iniquement le bon accueil qu'elle a reçu de nous. Sachez que Charles X, quittant le droit sentier que lui tracèrent les vertus de son prédécesseur S. M. Louis XVIII, de glorieuse mémoire, et détruisant les principes de la légitimité dont il y a peu de temps il s'intitulait le défenseur, s'est déclaré en faveur des idées révolutionnaires, donnant entre autres preuves, celle de permettre au pavillon des insurgés américains l'entrée dans les ports, baies, hâvres du royaume de France. Sachez qu'à la faveur du changement projeté, les réfugiés libéraux qui sont en France et en Angleterre se considèrent comme ministres, et comme faisant partie du gouvernement; c'est-à-dire que nous reverrons les rênes du gouvernement dans les mains ineptes des Arguellas, des Valdès, des Iandiolas, des Cuadra, des Calatrava, des Torreno et de tous ces Espagnols dénaturés qui, après avoir été traîtres à leur roi, comme auteurs de la constitution de 1812, furent aussi traîtres à cette même constitution, en lui substituant les chambres décriées dans lesquelles ils s'étaient proposé de figurer plus long-temps, avec l'investiture de la pairie. Sachez enfin que tout est perdu, et que le triomphe de la révolution nous menace d'être prêt, si au plus tôt nous ne nous réunissons autour du trône et de l'église pour nous sauver.

Voilà, Espagnols, en abrégé, l'énumération de nos maux présens et des innombrables dangers qui nous environnent; voilà les motifs qui nous ont mis la plume à la main pour vous parler; voilà les fondemens du mal. Levons la voix à la face de la nation et de l'Europe, en proclamant notre honneur, notre religion et notre indépendance : de là nous devons déduire l'absolue nécessité de se prononcer simultanément, de manière que, nous réunissant en masse à la majorité pleine d'honneur du peuple espagnol, nous unissions tous nos efforts vers un but unique.

Le but que nous nous proposons, la sainte entreprise à laquelle nous vous engageons à prendre part, au nom de notre Sauveur Jésus-Christ et de Pierre et Paul ses apôtres, notre plan, enfin, est et sera toujours de sauver d'un seul coup la religion, l'église, le trône et l'état.

Pour cela, il faut avant tout ôter du trône le stupide et criminel Ferdinand de Bourbon, origine et instrument de tous nos malheurs ; et cette mesure, quelque violente qu'elle vous paraisse, est absolument nécessaire ; car il est écrit *salus populi suprema lex esto.* Il faut donc l'arracher ignominieusement, non seulement du palais son asile et de sa cour, mais encore du territoire qui aujourd'hui appartient et peut appartenir dans la suite à cette monarchie. Otons d'autour de nous, ôtons de notre vue, son indigne personne, afin qu'il ne puisse pas, comme le lépreux de l'Écriture, infecter dorénavant toutes les choses humaines qui s'en approcheront ; et quand la divine Providence nous aura aidés à ce premier pas, en couronnant nos armes des lauriers de la victoire, si nous étions obligés à nous battre contre les troupes auxiliaires françaises, alors, Espagnols, sans nous arrêter davantage, achevons l'œuvre de notre vraie régénération politique, en sautant, d'un seul coup, de cet abîme de danger dans lequel nous nageons, au plus parfait état de sûreté, de paix et de grâce. Faisons résonner l'air d'hymnes et de louanges, pour obtenir l'aide du Tout-Puissant, et pour lui demander qu'il protège notre cause ; mettons dans ses divines mains les destins futurs de notre patrie bien aimée, avec celui de l'église, et jurons, comme chrétiens, de triompher ou de mourir dans cette sainte cause.

Enfin, Espagnols, proclamons comme chef de cette patrie

l'auguste don Carlos V; parceque les vertus de ce prince élevé, son caractère connu, sa magnanimité et son ferme attachement à l'église et au clergé, sont autant de garanties qui s'offrent à l'Espagne, sous le joug paternel de sa domination, pour un règne de prospérité, de piété et de bonheur.

Voilà ce que nous désirons en Jésus-Christ, nous membres de cette catholique fédération, avec la faveur du ciel et la bénédiction éternelle. *Amen.*

Qu'il soit imprimé et publié par ordre de cette fédération.

S. M. del S⁰ S⁰ Seccc⁰.

SAINT-DENIS.—IMPRIMERIE DE A. LECLAIRE.